W0230800

EUROPA

CHARLES EISENSTEIN

WUT
MUT

Politischer Aktivismus und die echte Rebellion

LIEBE!

Aus dem Englischen übersetzt
von Jürgen Hornschuh, Eike Richter
und Nikola Winter

EUROPA

MIX
Papier aus verantwor-
tungsvollen Quellen
FSC® C014496
www.fsc.org

Der Verlag dankt Jürgen Hornschuh, Eike Richter und Nikola Winter
für die unentgeltliche Übersetzung.

Der Originaltext von Charles Eisenstein wurde im Januar 2020 online
unter dem Titel »Extinction and the Revolution of Love« unter der Lizenz
Namensnennung 4.0 International (CC BY 4.0) veröffentlicht.
https://charleseisenstein.org/essays/extinction-and-the-revolution-of-love/
https://creativecommons.org/licenses/by/4.0/deed.de

© der deutschsprachigen Ausgabe 2020 Europa Verlag AG Zürich
Umschlaggestaltung:
Guter Punkt, München, www.guter-punkt.de
Übersetzung: Jürgen Hornschuh, Eike Richter und Nikola Winter
Redaktion: Franz Leipold
Layout & Satz: BuchHaus Robert Gigler, München
Gesetzt aus der Garamond Premier Pro
Druck und Bindung: GGP Media GmbH, Pößneck
ISBN 978-3-95890-324-1
Alle Rechte vorbehalten.
www.europa-verlag.com

INHALT

1.
KEINE FORDERUNG IST ZU GROSS

Der *Extinction Rebellion* (XR) geht es in Wirklichkeit gar nicht um den Klimawandel, obwohl sie das selbst noch glaubt. Das Klima ist eher als Aufhänger zu sehen, als Ausdruck eines tieferen Sehnens. Greta Thunberg und die Klimastreikenden verkörpern die Weigerung, einem lebensfeindlichen System zu gehorchen. »Ich werde nicht zur Schule gehen. Ich werde mich nicht an all dem beteiligen. Ich will kein Rädchen im Getriebe sein!«

Die drohende Klimakatastrophe ist wie ein Kristallisationskeim. Sie verleiht einer intuitiv empfundenen, diffusen Entfremdung vom gegenwärtigen Zivilisationsprojekt Form und Ausdruck und kann als Sündenbock für alles, was falsch läuft, herhalten. Sie lenkt die revolutionäre Bestrebung, alles zu ändern, gegen eine Sache. Aber wenn wir morgen früh aufwachen und in den Nachrichten hören würden, dass die Wissenschaft unrecht gehabt hätte und sich die globalen Temperaturen stabilisierten, wäre das immer noch kein Grund für die Protestierenden, aufzuhören. Denn sie begreifen, dass die Herausforderung, vor der die Menschheit steht, nicht die Frage ist, wie alles weiterhin seinen gewohnten Gang gehen kann, nur eben ohne fossile Brennstoffe. Der gewohnte Gang ist nicht in Ordnung, und das lässt sich auch durch einen Umstieg auf andere Energiequellen nicht ändern. Wie die radikalen Kriegsgegner der 1960er-Jahre, die Globalisierungsgegner der 1990er-Jahre oder auch die Occupy-Bewegung haben sie nicht gemäßigte Reformen zum Ziel. Sie wissen, dass gemäßigte Reformen nicht tief genug ansetzen. Sie erkennen – bewusst oder unbewusst –, dass Ökozid[1] kein korrigierbarer Nebeneffekt, sondern ein integraler Bestandteil des heutigen Wirtschafts- und Gesellschaftssystems ist. Sie wissen, dass wir zu mehr fähig sind als zu einer Welt voll nie endender Armut, Ungleichheit, Kriegen, häuslicher Gewalt, Rassismus und Umweltzerstörung. Und sie wissen, dass all diese Erscheinungen einander wechselseitig bedingen.

Mit anderen Worten, die Frage ist nicht, *ob* unsere heutige Zivilisation nachhaltig werden soll, sondern: *Wollen* wir sie überhaupt in der Form weiter aufrechterhalten? Sind wir denn nicht zu mehr fähig?

Bei einer Rede anlässlich der Eröffnung des Berliner Extinction-Rebellion-Camps im Oktober 2019[2] wagte ich, eine Vermutung darüber zu äußern, worum es der Bewegung in Wirklichkeit geht. Was wir eigentlich wollen, sagte ich, ist, dass die Menschheit die Natur wieder heiligt. Wir wollen von einer Gesellschaft der Herrschaft zu einer der Teilhabe übergehen, von der Unterwerfung zum gemeinsam schöpferischen Tätigsein, von der Ausbeutung zur Regeneration, von der Schädigung zur Heilung und von der Vereinzelung zur Liebe. Und wir wollen diesen Wandel in all unseren Angelegenheiten zum Ausdruck bringen: in Ökologie, Ökonomie, Politik und im persönlichen Bereich. Darum können wir sagen: »Liebe ist die Revolution.«

Solch ein Ziel lässt sich nicht leicht in politische Forderungen übersetzen. Jede Forderung, die ich stellen könnte, wäre entweder zu gering oder zu groß. Ist sie politisch denkbar, dann ist sie zu gering. Wenn ihre Umsetzung in der Macht und Befugnis politischer Amtsträger steht, wenn sie im Rahmen der gegenwärtigen Politik denkbar ist, heißt das, dass damit keine grundlegende Änderung des Systems verbunden sein darf. Solche Forderungen wären bestenfalls Richtungsanzeiger für ein Ziel, das wir ansteuern wollen. Schlimmstenfalls wären sie wie der letzte Walzer der Schiffskapelle auf dem sinkenden Ozeandampfer.

Wenn wir hingegen Forderungen stellen, die dem Umfang des angestrebten Wandels entsprechen: An wen, bitteschön, sind diese Forderungen zu richten? Glauben wir denn, die globale Industriewirtschaft und der ihr angegliederte politische Apparat sind ein Güterzug, und wir müssen lediglich den Lokführer auffordern, die Maschine zu drosseln? Die Spitzen in Politik und Konzernen sind gerade so hilflos wie alle anderen. Sie sind Spielbälle von Kräften jenseits ihrer Kontrolle – und zumeist auch ihres Verständnisses. Was wir wirklich wollen – die schönere Welt, von der unsere Herzen wissen, dass es sie gibt[3], und deren unverwirklichte Möglichkeiten mit jeder neuen Generation wieder eine Rebellion auslösen werden –, kann uns keine Macht der Welt gewähren. Das heißt weder, dass sie unmöglich ist, noch, dass wir ihrem Werden nicht dienlich sein können. Ich will damit nahelegen, dass eine auf Forderungen basierende Sprache der Sache unangemessen sein dürfte.

Das sich auf fossile Energieträger stützende System besitzt enorme Schwungkraft. Es ist mit jeder Facette des modernen Lebens verknüpft – von der Medizin über die Landwirtschaft und den Transport bis hin zu Produktion und Wohnungsbau. Jede Aktivistin, jeder Aktivist muss verstehen, dass die Forderung, sich von fossilen Brennstoffen abzuwenden, bedeutet, dass sich alles ändern muss; und diese Forderung kann unmöglich erfüllt werden. Aber das, worauf sie abzielt, ist nicht unmöglich. Genau diesem Ziel zu dienen sind wir hier: der vollständigen Neugestaltung der Zivilisation. Doch diese kann nicht mit Forderungen erreicht werden, denn niemand hat die Macht, solche Forderungen zu erfüllen.

Nicht einmal die klaren Forderungen von Extinction Rebellion können von den Mächtigen heute erfüllt werden. Man sehe sich an, was geschieht, wenn Regierungen auch nur die Treibstoffsteuern erhöhen: Proteste und Ausschreitungen rund um den Globus – u.a. in Frankreich, Ecuador, Simbabwe und Indonesien – folgen Preissteigerungen beim Treibstoff auf den Fuß, und die Regierungen müssen entweder klein beigeben oder Truppen schicken, um die Unruhen zu unterdrücken. (Meist tun sie beides, weil die Rücknahme der Preiserhöhungen die allgemein glimmende Unzufriedenheit nicht beschwichtigen kann, die hier geschürt wurde.)

Da fossile Brennstoffe für die heutige Weltgemeinschaft unverzichtbar sind, zöge ein Ausstieg die völlige Zerrüttung der Gesellschaft nach sich. Es ist nicht damit getan, fossile Energiequellen durch Sonne, Wind und Biomasse zu ersetzen und vielleicht Technologien wie Geo-Engineering und Kohlenstoffbindung anzuwenden, um dann wieder zur gewohnten Tagesordnung übergehen zu können. Nein. Die unvorhersehbaren Fluktuationen erneuerbarer Energieträger, Interessenskonflikte bei der Bodennutzung und begrenzte Vorkommen von seltenen Erden machen einen Ausstieg de facto unmöglich.[4] Aber selbst wenn wir den gewohnten Gang fortsetzen könnten – *wollten* wir das wirklich?

Wenn wir etwas als Forderung verpacken, vertiefen wir die bestehenden politischen Machtverhältnisse. Wir beschränken das, was wir erreichen können, auf das, was in der Macht der politischen Amtsträger steht. Wir ermächtigen jene, die wir für mächtig halten, und wenn sie unser Ultimatum nicht erfüllen, erklären wir sie automatisch zu Feinden.

Eine Forderung impliziert die Drohung: »Mach, was ich sage, sonst ...!« Stelle ich eine solche Forderung, die mein Gegenüber nicht erfüllen kann, mache ich den Adressaten damit automatisch zu meinem Gegner. Bewegungen, die das tun, neigen langfristig zu Schwund statt zu Wachstum. Der Bevölkerung entfremdet, die sie zu retten versuchen, und unfähig, greifbare Ergebnisse zu erzielen, schrumpfen sie auf selbstgerechte Märtyrerkader zusammen. Dieses Muster wiederholt sich immer wieder. Fast zwangsläufig bestätigt sich die Selbstgerechtigkeit, wenn die Polizei irgendwann brutal gegen sie vorgeht, um die Ordnung zu wahren. Dann dreht sich die Debatte nur mehr darum, ob Polizeigewalt gerechtfertigt ist, ob Gegengewalt gerechtfertigt ist, wer die Guten und wer die Bösen sind. Die Proteste selbst werden zum Thema anstelle des ursprünglichen Anlasses. Die Demonstranten versuchen, jedes Vorkommen von Polizeigewalt zu benutzen, um die öffentliche Meinung zu ihren Gunsten zu beeinflussen. »Wir sind bestimmt die Guten, denn seht, wie böse die Regierung ist.« Ein Medienkrieg folgt, ein Kampf um die

Erzählhoheit. Innerhalb ihrer jeweiligen Medienblasen und Echokammern in den sozialen Medien wird jede Seite zunehmend überzeugter von der eigenen Tugendhaftigkeit und der Schlechtigkeit der anderen. So führen beide Seiten ein archetypisches Drama auf, Krieg genannt, und folgen der uralten Annahme, dass der Schlüssel zur Lösung jedes Problems der Sieg über einen Feind sei. Fortschritt muss *errungen* werden, im *Kampf* um die Vorherrschaft. **Warum sehen wir nicht, dass genau diese Herrschaftsdenkweise der zivilisatorischen Umweltzerstörung zugrunde liegt?** Dies ruft nach einer anderen Art von Revolution.

Es ist natürlich bequem, zur Lösung einer Krise erst einmal eine Liste von Feinden zu erstellen. Wir ersetzen ein Ziel, von dem wir nicht wissen, wie wir es erreichen können (alles zu ändern), durch eines, von dem wir es wissen (einen Anführer absetzen, die Regierung stürzen, politische Macht an sich reißen). So lenkt das Trugbild der Macht unsere revolutionäre Energie auf ein geringeres Ziel. Wenn der Lokführer die Maschine nicht drosselt, schmeißen wir ihn vom Zug und bremsen selbst. Doch wahrscheinlich werden wir wie die meisten Revolutionäre es nicht einmal schaffen, die Kontrolle tatsächlich an uns zu bringen. Im unwahrscheinlichen Fall, dass es uns gelingen sollte und wir uns im Führerstand wiederfinden, werden wir erkennen, dass wir genauso unfähig sind, den Motor zu drosseln, wie unsere Vorgänger.

Das heißt nicht, wir sollen es einfach bleiben lassen und heimgehen. Lasst uns der Hoffnung vertrauen. Authentische Hoffnung ist keine Flucht in eine Illusion, sondern die Vorahnung einer realen Möglichkeit. Um sie zu verwirklichen, müssen wir das konventionelle Problemlösungsmuster durchbrechen, in dem jede Lösung nur wieder dasselbe Problem in neuer Verkleidung erzeugt. Die konventionelle Diagnose des Problems Klimawandel ist selbst Teil des Problems, und damit sind es auch die damit verbundenen Lösungen. Wenn wir es schaffen, aus diesem Teufelskreis auszusteigen, dann werden sich unsere Forderungen ändern und, noch wichtiger, werden wir Möglichkeiten zur Lösung der Krise finden, die überhaupt gänzlich jenseits einer Mentalität des Forderns liegen.

2.
AUSGRENZUNG UND CO$_2$-REDUKTIONISMUS

So wie unsere Regierungen unfähig sind, effektive Maßnahmen zu ergreifen, sind gleichermaßen auch der Öffentlichkeit die Hände gebunden. Ich hörte die Geschichte von Demonstranten, denen es in London gelungen war, eine U-Bahn zu blockieren. Zweifellos glaubten sie, dass jegliches Ungemach, das den Mitfahrenden daraus erwuchs, gegenüber der Rettung der Menschheit vor dem Aussterben, um die es ihnen ging, bedeutungslos sei. Es braucht radikale Aktionen – vielleicht einen Boykott aller mit fossiler Energie betrieben Verkehrsmittel. Nun, die Mitreisenden konnten sich nicht dafür erwärmen. Eine Frau sagte: »Ich könnte auf dem Weg ins Krankenhaus sein. Habt ihr daran gedacht?« Viele gehörten zur Arbeiterklasse und pendelten zu Jobs, auf die ihre Familien angewiesen waren. Auf die eine oder andere Weise hat jeder von uns durch seinen Lebensstil Anteil an der weltzerstörenden

Maschinerie. Es ist zwecklos, an die persönliche Rechtschaffenheit der Leute zu appellieren und sie aufzufordern, weniger zu benutzen, weniger zu verbrennen, weniger herumzufahren, solange wir in einem System leben, in dem wir benutzen, verbrennen und herumfahren müssen, um zu überleben.

Störaktionen verprellen jene Menschen, die darunter zu leiden haben, und signalisieren ihnen: »Wir sind gewillt, euch für die Sache zu opfern.« »Wir werden euch retten, ob es euch gefällt oder nicht!« Dadurch erschaffen die Demonstranten in ihrer Beziehung zur Öffentlichkeit genau jene »Wir-gegen-die«-Dynamik, die auch ihre Beziehung zu den Behörden bestimmt.

Vielleicht denkt ihr jetzt auch an andere Situationen, in denen jemand gegen seinen Willen für einen höheren Zweck geopfert werden soll, in denen manche Wesen dem Fortschritt einfach im Weg stehen, in denen die Freiheit eines Einzelnen ohne dessen Zustimmung übergangen wird? Ich will nicht behaupten, dass man immer die Zustimmung aller Betroffenen einholen soll, bevor man eine Protestaktion startet. **Es geht schlicht darum, sie auch mit zu bedenken; einen Moment innezuhalten und die Welt mit ihren Augen zu sehen, sich in ihre Lebenswirklichkeit zu versetzen. Es geht um Empathie.** Empathie kann sich nicht einstellen, solange das Herz durch wertendes Denken verschlossen bleibt.

Die Selbstgerechtigkeit, die dem Appell an persönliche Rechtschaffenheit innewohnt, tut ein Übriges, das Misstrauen der Öffentlichkeit zu schüren. Wenn wir uns wegen unseres CO_2-reduzierten Lebensstils für moralisch besser halten und einander gegenseitig auf die Schulter klopfen, unterstellen wir allen anderen automatisch, dass sie ignorant, weniger rechtschaffen oder auf dem falschen Weg sind. Je mehr wir uns mit dem Parfüm der Marke »Ich lebe korrekt« besprenkeln, desto mehr stinken wir nach Scheinheiligkeit. Es wäre effektiver, wenn wir, statt durch unser unversöhnliches Urteilen auf Distanz zu gehen, ernsthaft versuchten, die Gesamtheit der Umstände der von uns Verurteilten zu verstehen. Das nennt man Inklusivität. Sie öffnet die Tür zu einer Revolution der Liebe.

Das Ausgrenzende an der Umweltbewegung kommt zum großen Teil daher, dass »grün« auf eine gute CO_2-Bilanz heruntergebrochen wird; eine gefährliche Vereinfachung, die Lebewesen, einschließlich Menschen, unberücksichtigt lässt, die nicht zu »zählen« scheinen. Wie hoch ist der CO_2-Beitrag von Walen? Meeresschildkröten? U-Bahn-Fahrenden? Obdachlosen? Gefängnisinsassen? Nachtigallen? Eulen? Wölfen? Wann werden wir lernen, dass die von uns ausgegrenzten Wesen am Ende die wichtigsten überhaupt sind? Wann werden wir verstehen, dass wir alle im selben Boot sitzen? Dies ist keine Revolution, bei der wir einige Wesen für die Weltrettung opfern, sondern eine, bei der wir erkennen, dass die Heilung aus der Wertschätzung der Entwerteten kommt. Denn was ist unter dem Strich mehr zum Objekt gemacht, stärker ausgeschlossen und entwertet worden als die Natur selbst? Sie und all ihre Wesen nur mittels CO_2 zu bewerten – einer quantifizierbaren Größe, die man einer Kosten-Nutzen-Analyse unterziehen kann – ist nur mehr einen Katzensprung davon entfernt, ihren Wert in Geld auszudrücken. Jedes Detail und jedes Wesen, das bei dieser Bewertung unberücksichtigt bleibt, wird Folgen für uns haben, denn in Wahrheit sind sie alle wichtig, damit das Leben in seiner ganzen Fülle gedeihen kann.

Was wird durch CO_2-Bilanzierung entwertet? Was wird nicht gezählt? Nun, zum Beispiel Ökosysteme. Der Technologieausbau von »Grüner Energie« wie Photovoltaik, Batterien, Windrädern und Elektromobilität bedarf einer gewaltigen Ausweitung der Rohstoffförderung. Weißt du, liebe Leserin, lieber Leser, wie eine größere Förderanlage aussieht? Dabei handelt es sich nicht um ein unauffälliges Loch im Erdboden. Hier eine Beschreibung der Silbermine von Peñasquito in Mexiko:

Die sich über 100 km² erstreckende Anlage ist in ihrer Größe atemberaubend: Ein ausgedehnter offener Grubenkomplex, der sich in die Berge gefressen hat, wird flankiert von zwei Abraumhalden, die jeweils fast zwei Kilometer lang sind, sowie von einem Absetzbecken voll giftigem Schlamm, das von einer elf Kilometer langen

Mauer mit der Höhe eines fünfzigstöckigen Wolken-
kratzers umgeben ist. Diese Mine wird innerhalb von
zehn Jahren 11000 Tonnen Silber produzieren; dann
sind ihre Reserven – die größten weltweit – erschöpft.

Wenn man die Weltwirtschaft auf erneuerbare Ener-
gien umstellen will, müssen wir bis zu 130 Minen im
Ausmaß von Peñasquito in Betrieb nehmen. Und das
nur für Silber.[5]

Ähnliche Minen werden gebraucht, um den wachsen-
den Bedarf an Kupfer, Neodym, Lithium, Kobalt und
anderen Mineralien, die für erneuerbare Energien
benötigt werden, zu decken. Jedes Projekt vernichtet
wieder ein Stück Wald und Teile anderer Ökosysteme,
verseucht das Grundwasser und erzeugt Unmengen
giftiger Abfälle. Zum ökologischen Leid kommen un-
sägliches soziales Leid und eine Geopolitik im Stil von
jener rund ums Erdöl. Zur Veranschaulichung werfe
man nur einen Blick auf den beschönigten Putsch in
Bolivien, wo der abgesetzte Präsident Evo Morales die
enormen Lithiumreserven des Landes hatte verstaat-
lichen wollen.

Die anderen großen Technologien für erneuerbare
Energie – Wasserkraft und Biomasse – sind in indus-
triellem Umfang womöglich noch verheerender für die
Umwelt als Bergbau: Sie entwurzeln Menschen und
zerstören Ökosysteme. Es kann doch nicht das An-
liegen von uns Umweltschützern sein, die Lebewesen

der Erde zu Sprit und ihre Flüsse zu Kraftwerken zu machen!

Euch, denen an dieser Erde etwas liegt, bitte ich: Überlegt gut, was ihr euch wünscht. Hütet euch vor falschen Forderungen. Hütet euch vor den zu geringen Forderungen, die in Wirklichkeit gar nichts ändern oder womöglich mehr Schaden anrichten als nützen. Hütet euch vor raschen Lösungen, die durch euer Drängen und eure Hast begünstigt werden. Manche davon könnten das Problem verschlimmern; das sind die Lösungen, die für die etablierten Mächte akzeptabel sind, weil sie deren Fundamente nicht bedrohen.

Zweifellos fügt die Förderung fossiler Brennstoffe dem Boden und dem Wasser schweren Schaden zu, selbst wenn man das CO_2 außer Acht lässt. Nimmt man nur Kohlendioxid als Maßstab, müssten fossile Brennstoffe verboten werden, während allerhand sonstige verheerende Praktiken weiter erlaubt blieben. Vielleicht sollten wir nicht CO_2 sondern stattdessen den Ökozid als Gradmesser zur Beurteilung heranziehen. Damit würde ein neuer, ganz anderer Maßstab dafür gesetzt, was als »grün« gelten darf.

Es ist Zeit, dass wir uns für einen weit grundlegenderen Wandel einsetzen als CO_2-Werte erfassen können. Was für einen Wandel braucht es, um das Wort Ökozid – es impliziert »Mord« – tatsächlich ernst zu nehmen?

Die Grundursachen für den Klimawandel sind zumeist identisch mit den tieferen Ursachen für Gewalt, Ungerechtigkeit und Umweltschäden auf der Welt. Manche behaupten, der Kapitalismus sei dafür verantwortlich, aber die früheren sozialistischen Länder verhielten sich genauso räuberisch wie die kapitalistischen Länder, wenn nicht noch mehr. Ich behaupte, dass die eigentliche Ursache des Ökozids die Geschichte ist, die man sich in der modernen Zivilisation über die Welt erzählt. Ich nenne sie die *Geschichte der Separation:* eine Geschichte, die mich getrennt von dir verortet, die Menschheit getrennt von der Natur, den Geist von der Materie und die Seele vom Fleisch. Volles Sein und Bewusstsein sind in dieser Geschichte exklusiv dem Menschen vorbehalten, der deshalb vom Schicksal dazu bestimmt ist, zur Herrschaft über die mechanischen Naturkräfte aufzusteigen, um einer geistlosen Welt Intelligenz aufzuzwingen. Die *Geschichte der Separation* ist die Basis für den uns bekannten Kapitalismus. Auf ihr bauen alle unsere Systeme auf. In ihr spiegelt sich die an diese Systeme angepasste Psyche wider. Geschichte, System und Psyche sichern einander wechselseitig das Weiterbestehen.

Die erste Forderung von Extinction Rebellion lautet: Die Regierung soll die Wahrheit über den Klimawandel sagen. Aber kennt diese überhaupt die Wahrheit? Wer ist bereit auszusprechen, dass die Erde in Wahrheit lebendig ist? Dass die Ursache für die Umweltzerstörung die tief verankerten Geschichten sind, die sich die Zivilisation über sich und die Welt erzählt? Wer ist bereit zu sagen, was die Krise daher tatsächlich von uns verlangt: eine komplette Transformation, eine Initiation in eine neue Art von Zivilisation?

3.
DER *LEBENDIGE PLANET*

Eine Initiation ins Leben beginnt mit einer Krise, die alles über den Haufen wirft, was man davor gewusst hat und was davor gewesen ist. Aus diesen Trümmern wird ein neues Selbst in eine neue Welt geboren.

Auch Gesellschaften können eine Initiation durchlaufen. Das ist es, was der Klimawandel für die gegenwärtige globale Zivilisation darstellt. Hierbei handelt es sich nicht lediglich um ein »Problem«, das wir aus der momentan vorherrschenden Weltsicht heraus und mit deren Lösungsmöglichkeiten beheben können. Wir sind stattdessen gefordert, eine neue Geschichte der Menschheit sowie eine neue (und alte) Beziehung zu unseren lebendigen Weggefährten einzugehen.

Ein Schlüsselelement dieser Verwandlung ist der Übergang vom geomechanischen Weltbild[6] zum Weltbild vom *Lebendigen Planeten*. Die Klimakrise wird sich nicht durch ein Anpassen der Zusammensetzung von Gasen in der Atmosphäre lösen lassen, so als ob man am Luft-Treibstoff-Gemisch eines Dieselmotors herumtüftelte. **Die lebendige Erde kann vielmehr nur gesund sein – kann tatsächlich nur lebendig bleiben – wenn ihre Organe vital sind.** Das sind ihre Wälder, Böden, Feuchtgebiete, Korallenriffe, Fische, Wale, Elefanten, Seegraswiesen, Mangrovensümpfe sowie alle anderen Spezies und Systeme der Erde. Wenn wir sie alle weiterhin schädigen und zerstören, dann wird die Erde, selbst wenn wir die Emissionen über Nacht auf null reduzieren, immer noch tausend Tode sterben.

Das Leben selbst schafft die Bedingungen, unter denen wieder Leben entstehen kann – durch Prozesse, die so komplex wie die Physiologie von Lebewesen sind und von denen wir nur eine vage Vorstellung haben. Die Vegetation produziert flüchtige Verbindungen; diese fördern die Bildung von Wolken, die das Sonnenlicht reflektieren. Große Tiere (die sogenannte Megafauna) transportieren Stickstoff und Phosphor quer durch Kontinente und Ozeane und unterhalten so den Kohlenstoffkreislauf. Wälder erzeugen ständig Tiefdruckzonen, wodurch eine sogenannte biotische Pumpe in Gang gesetzt wird, die Regen ins Innere von Kontinenten bringt und atmosphärische Strömungsmuster aufrechterhält. Wale bringen Nährstoffe für Plankton aus den Tiefen der Ozeane an die Oberfläche. Wölfe begrenzen Wildpopulationen, wodurch das Unterholz des Waldes lebensfähig bleibt, was wiederum die

Aufnahme von Regenwasser verbessert und so Dürren und Waldbrände verhindert. Biber verlangsamen die Fließgeschwindigkeit des Wassers vom Land ins Meer, puffern dadurch Flutwasser und reduzieren den Schlammeintrag in Küstengewässer, und so kann das dortige Leben gedeihen. Zugvögel und Wanderfische wie beispielsweise Lachse transportieren Nährstoffe aus dem Meer ans Land und versorgen so die Wälder. Pilzgeflechte verbinden riesige Gebiete zu einem Netzwerk, das komplexer als das menschliche Gehirn ist. Und all diese Prozesse greifen ineinander.

In meinem Buch »Klima: eine neue Perspektive«[7] argumentiere ich, dass ein Gutteil der Klimazerrüttung, die wir Treibhausgasen zuschreiben, in Wirklichkeit von der direkten Störung von Ökosystemen herrührt. So geht das seit Jahrtausenden: Zu Dürren und Wüstenbildung kam es überall dort, wo die Menschen Wälder abgeholzt und den Boden der Erosion ausgesetzt haben. Wäre es nicht bequem, all das auf den Ausstoß von Treibhausgasen zu schieben und unsere materielle Kultur wie bisher weiterzuführen, nur mit erneuerbaren Energien?

Während ich diese Zeilen schreibe, erleidet Australien eine nie dagewesene Hitzekatastrophe mit Bränden und Dürre. Australien hat zuletzt 5000 Quadratkilometer Wald pro Jahr abgeholzt. Wäre es nicht auch dort bequem, alles den globalen CO_2-Emissionen zuzuschreiben?

Der Ausdruck »Ökosystemstörung« klingt wissenschaftlich. Man könnte auch »Verletzen und Töten lebender Wesen« dazu sagen. Aus der Perspektive des *Lebendigen Planeten* ist Letzteres die passendere Wortwahl. Ein Wald ist nicht nur eine Ansammlung lebender Bäume; er ist selbst lebendig. Der Erdboden ist nicht lediglich ein Substrat, auf dem das Leben wächst; der Erdboden ist lebendig. Und das trifft auch auf einen Fluss, ein Riff und einen Ozean zu. So wie es sehr viel einfacher ist, einen Menschen zu entwürdigen, auszubeuten oder zu töten, wenn man ihn als minderwertig ansieht, ist es leichter, die Erdenwesen zu töten, wenn man sie von vornherein als nicht lebendig und unbewusst betrachtet. Flächenrodungen, Tagebaue, entwässerte Sümpfe, Ölteppiche etc. sind unvermeidbar, wenn wir die Erde als totes Ding ansehen, das nichts fühlt und gerade mal als Ressourcenlager nützlich ist.

Unsere Geschichten haben Macht. Wenn wir die Welt für tot ansehen, werden wir sie umbringen. Und wenn wir die Welt als lebendig betrachten, werden wir lernen, wie wir ihrer Heilung dienlich sein können.

Die Welt ist lebendig. Sie ist nicht nur der Wirtskörper des Lebens. Die Wälder und Riffe und Feuchtgebiete sind ihre Organe. Das Wasser ist ihr Blut. Der Erdboden ist ihre Haut. Die Tiere sind ihre Zellen. Dies sind keine genauen Entsprechungen, aber die Schlussfolgerung, die sich daraus ableitet, trifft zu: Wenn diese Wesen ihre Unversehrtheit verlieren, wird der ganze Planet dahinsiechen.

Ich werde nicht versuchen, rational für die Lebendigkeit des Planeten Erde zu argumentieren. Da könnte man schon bei der Definition von Lebendigkeit zu streiten beginnen. Nein, ich möchte sogar noch weitergehen und behaupten, dass die Erde auch empfindungsfähig, bewusst und intelligent ist – eine wissenschaftlich unhaltbare Aussage. Statt Argumente für meine Behauptung vorzubringen, bitte ich dich, lieber Skeptiker, liebe Zweiflerin: Stell dich barfuß auf den Erdboden und lass deine Füße mitentscheiden. So argwöhnisch du sein magst, so leidenschaftlich du vielleicht davon überzeugt bist, dass das Leben nur ein glücklicher chemischer, von blinden physikalischen Kräften bedingter Zufall ist – ich glaube, dass in jedem Menschen die Flamme des Wissens brennt, dass Erde, Wasser, Boden, Luft, Sonne, Wolken und Wind lebendig und bewusst sind und uns ebenso spüren wie wir sie.

Ich kenne die Skeptiker gut, denn ich bin einer von ihnen. Ein schleichender Verdacht überkommt mich, wenn ich viel Zeit in geschlossenen Räumen verbringe, vor einem Bildschirm, umgeben von normierten anorganischen Gegenständen, die die Leblosigkeit der modernen Vorstellung von der Welt widerspiegeln.

Der Aufruf, sich barfuß mit der lebendigen Erde zu verbinden, wäre auf einer akademischen Klimakonferenz oder bei einem Treffen des Weltklimarats unangemessen. Gelegentlich gönnt man sich auf solchen Veranstaltungen für einen Augenblick eine gefühlsduselige Zeremonie oder präsentiert einen Eingeborenen, der die vier Himmelsrichtungen anruft, bevor alle in den Konferenzraum treten, um zum Geschäftlichen überzugehen: einer Sache von Daten und Grafiken, Modellen und Projektionen, Kosten und Nutzen. In dieser Welt sind nur die Zahlen real. Solche Umgebungen quantitativer Abstraktionen, klimatisierter Luft, stetigen künstlichen Lichts, identischer Stühle und allgegenwärtiger rechter Winkel verbannen alles nicht-menschliche Leben. Die Natur existiert nur als abstrakte Darstellung, und die Erde ist nur theoretisch lebendig – oder wahrscheinlich nicht einmal das.

»In dieser Welt sind nur die Zahlen real.« Wie ironisch, wenn man bedenkt, dass Zahlen der Inbegriff von Abstraktion sind. Wenn Probleme in Zahlen ausgedrückt werden, sucht der »realistische« Verstand, sie auch zahlenmäßig zu lösen. Der mathematische Schlauberger in mir würde nur zu gern die Klimakrise lösen, indem er jede mögliche Strategie nach ihrem CO_2-Fußabdruck bewertet. Er würde jedem Ökosystem, jeder Technologie, jedem Energieprojekt einen Treibhausgaswert zuweisen. Dann würde er mehr hiervon und weniger davon anordnen, Flugreisen mit Baumpflanzungen kompensieren und die Zerstörung von Feuchtgebieten hier mit Solarzellen dort ausgleichen, um ein bestimmtes Treibhausgaskontingent zu erfüllen. Er würde Methoden und Denkweisen einsetzen, die in der Finanzbuchhaltung entstanden sind, denn Geld ist eine andere Möglichkeit, die Welt auf Zahlen zu reduzieren. (Die Finanzwelt ist noch so ein Bereich, in dem nur die Zahlen real sind.)

Dummerweise lassen sowohl CO_2-Reduktionismus als auch Geld all das unberücksichtigt, was scheinbar keinen Einfluss auf die Bilanz hat. Genau deshalb wird in der Klimabewegung mit traditionellen Umweltanliegen wie dem Schutz von Wildtieren, der Rettung der Wale oder der Beseitigung von Giftmüll kurzer Prozess gemacht. »Grün« meint nun »niedrige CO_2-Werte«, sonst nichts.

Vom Standpunkt des *Lebendigen Planeten* aus ist das ein großer Fehler, denn die außer Acht gelassenen Wale, Wölfe, Biber, Schmetterlinge usw. gehören zu den Organen und Geweben, die Gaia ganz machen. Wenn wir uns das Mäntelchen der »Umweltfreundlichkeit« anziehen, indem wir Flugreisen mit Baumpflanzungen kompensieren und unseren Strom aus Solarzellen beziehen, beschwichtigen wir unser Gewissen, während wir gleichzeitig den kontinuierlichen Schaden verschleiern, den unsere gegenwärtige Lebensweise nach sich zieht. Mit dem Begriff »Nachhaltigkeit« implizieren wir die Erhaltung der uns vertrauten Gesellschaft, nur mit nicht-fossilen Energiequellen. Genau darum haben die etablierten Mächte das Klima-Narrativ so schnell übernommen, das ich CO_2-**Reduktionismus** nenne. Selbst die Unternehmen im Bereich fossiler Energie sind damit einverstanden, weil es für sie bedeutet, dass alles seinen gewohnten Gang nehmen kann, wenn man zu Sequestriertechnologien und Geo-Engineering greift.

Die tatsächliche Bedrohung der Biosphäre ist viel größer, als die meisten Menschen selbst in der linken Szene begreifen. Sie umfasst das Klima, geht aber noch weit darüber hinaus. Dem können wir nur durch einen vieldimensionalen Heilungsansatz begegnen. Der Erde droht Tod durch multiples Organversagen. Wir leben in einer »Zehn-Prozent-Welt«, so spitzt der Naturkundler James Bernard MacKinnon es zu. Das ist die symbolische Maßzahl, die er zur Beschreibung der Dezimierung des Lebens auf Erden verwendet. Diese begann mit den ersten Massenzivilisationen, wurde in der industriellen Ära beschleunigt und setzt sich bis zum heutigen Tag fort. Wir haben aktuell vielleicht noch 10 % der Wale, die es vor dem industriellen Walfang gab, 10 % der großen Fische, die Hälfte der asiatischen Mangrovensümpfe, 20 % der atlantischen Seegraswiesen, 1 % der amerikanischen Urwälder und nur noch halb so viel Bäume auf der Welt wie zuvor, 30 % weniger Vögel in meiner Lebenszeit, 50–80 % weniger Insekten ... Die Liste nimmt kein Ende.

Es wäre sicher nett, könnte man all das auf eine einzige Ursache schieben, will sagen: den Klimawandel. Dann könnten wir wie gewohnt mit reduktionistischen Modellen operieren. Wir wüssten im Prinzip, was zu tun ist. Wenn es jedoch eine Vielzahl von Ursachen gibt, die synergetisch ineinander greifen – Unkrautvernichtungsmittel, Insektenvernichtungsmittel, Lärmverschmutzung, elektromagnetische Verstrahlung, Giftmüll, Medikamentenrückstände, Flächenerschließung, Bodenerosion, Überfischung, Waldzerstörung, Grundwassererschöpfung, Einebnung der Nahrungspyramide und Treibhauseffekt –, dann gibt es nicht die eine Lösung. Nicht zu wissen, was man tun soll, ist unangenehm. Man ist verleitet, eine einzige Ursache als Ausflucht zu benutzen. Aber sich die eigene Ratlosigkeit einzugestehen ist viel besser, als fälschlicherweise zu glauben, man wüsste, was zu tun ist.

4.
NEUE PRIORITÄTEN

Intakten Ökosystemen dürften erhöhte CO_2- und Methanwerte sowie höhere Temperaturen nicht viel anhaben. Schließlich waren die Temperaturen im frühen Holozän und während der Minoischen Warmzeit, im Römischen Klimaoptimum und in der Mittelalterlichen Warmzeit höher als heute, und trotzdem kam es nicht zu unkontrollierbaren Rückkopplungsschleifen durch Methanfreisetzung oder Ähnliches. Ein Lebewesen mit starken Organen und gesunden Geweben ist widerstandsfähig.

Leider sind heute die Organe der Erde geschädigt, und ihre Gewebe wurden vergiftet. Sie ist in einem kritischen Zustand. Darum ist es jetzt wichtig, Treibhausgase zu reduzieren. Trotzdem legt das Paradigma vom *Lebendigen Planeten* eine andere Prioritätenliste im Vergleich zum konventionellen Klimadiskurs nahe. Vieles davon kann in erfüllbare Forderungen und praktikable Maßnahmen übersetzt werden, die Regierungen, Unternehmen und Einzelne sofort umsetzen können. Die Effekte wären unmittelbar und vor Ort spürbar.

Höchste Priorität hat der Schutz aller verbliebenen Urwälder und anderer noch nicht geschädigter Ökosysteme – der Schutz von natürlichen Graslandschaften, Korallenriffen, Mangrovensümpfen, Seegraswiesen und anderen Feuchtgebieten. Jedes intakte Ökosystem ist ein kostbarer Schatz, ein Hort der Artenvielfalt, ein Refugium für die Regeneration des Lebens. In ihnen ist jene tiefe Intelligenz der Erde noch lebendig, ohne die eine vollständige Heilung nicht möglich sein wird. In ihnen ist die Erinnerung des Lebendigen Planeten an seine Gesundheit noch da. Während ich diese Zeilen schreibe, wird der Regenwald des Amazonas rabiat zerstört, und um den zweitgrößten Regenwald im Kongo ist es sogar noch schlimmer bestellt. Auch der drittgrößte Regenwald in Neuguinea ist ernsthaft gefährdet: durch Rodung und Palmöl-Plantagen. Schon aus der Kohlenstoff-Perspektive sind Regenwälder wichtig, aber unter dem Paradigma vom *Lebendigen Planeten* stellen sie lebenswichtige Organe dar. Wenn das Kohlenstoff-Narrativ ihrem Schutz dient, gut so; aber wir dürfen keinesfalls die Idee verbreiten, dass ihr Wert auf ihre Fähigkeit, Kohlenstoff zu speichern, reduziert werden könne.

Die zweitwichtigste Priorität hat die **Wiederherstellung** und **Regeneration der geschädigten Ökosysteme weltweit.** Das bedeutet unter anderem:

> Großflächige Erweiterung von Meeresschutzzonen für die Regeneration der Ozeane

> Verbot von Grundschleppnetzen, Treibnetzfischerei und anderen industriellen Fischereipraktiken

> Umstellung auf regenerative Landwirtschaft zum Bodenaufbau durch Zwischenfruchtbau, Anbau mehrjähriger Pflanzen, Agroforstwirtschaft und ganzheitliches Weidemanagement

> Aufforstung und Wiederaufforstung

> Landschaftsgestaltung zur verbesserten Wasserrückhaltung, um den Wasserkreislauf wiederherzustellen

> Wiederansiedlung und Schutz von Schlüsselarten, Spitzenprädatoren[8] und Megafauna[9]

Für eine effektive Wiederherstellung können wir uns nicht auf skalierbare Patentrezepte verlassen. Jeder Ort ist einzigartig. Was sich in dem einen Tal oder auf dem einen Bauernhof bewährt hat, muss nicht automatisch auf dem nächsten funktionieren. Wenn wir die Orte und Ökosysteme der Erde als lebendige Einheiten begreifen und nicht als Datensätze, dann erkennen wir, wie wichtig ein genaues und ortsspezifisches Wissen über sie ist. Zahlenbasierte Wissenschaft kann dazu beitragen dieses Wissen zu systematisieren, aber sie kann kein Ersatz für unmittelbare qualitative Beobachtung durch die Bauern und andere ortsansässige Menschen sein, die mit dem Land Tag für Tag und seit Generationen zu tun haben.

Ein so profundes und feinsinniges Wissen, wie es sich Jäger und Sammler oder traditionelle Bauern erarbeitet haben, ist schwer vorstellbar für eine nüchterne Wissenschaftlerin. Diese Art von Wissen ist in der Kultur und ihren Geschichten, Ritualen und Bräuchen verankert. Dadurch werden die Menschen, die diese Kultur praktizieren, zu den Organen von Land und Wasser, die zur Widerstandsfähigkeit des Lebens auf der Erde beitragen. Bedauerlicherweise unterminiert vieles, was unter dem Begriff »Entwicklung« (selbst »nachhaltige Entwicklung«) gehandelt wird, diesen Lebensstil und unterwirft die Menschen der globalen Warenwirtschaft. Wenn Entwicklung Eingliederung in die globale Wirtschaft bedeutet, kann die Hartwährung zur Rückzahlung von Entwicklungsdarlehen und importierten Hightech-Waren nur aus dem Export von natürlichen Rohstoffen, also von Abholzungen, Minen und aus der kommerziellen Landwirtschaft kommen. Daher verlangen die beiden höchsten Prioritäten eine Neudefinition des ganzen Entwicklungskonzepts und des damit einhergehenden Finanzsystems.

Dritthöchste Priorität hat es, mit dem Vergiften der Erde aufzuhören: mit Pestiziden, Herbiziden, Insektiziden, Kunststoffen, Giftmüll, Schwermetallen,

Antibiotika, elektromagnetischer Strahlung, chemischen Düngemitteln, pharmazeutischen Rückständen, Atommüll und anderen industriellen Schadstoffen. Sie schwächen die Gewebe der Erde und durchdringen die gesamte Biosphäre. Das geht so weit, dass beispielsweise Orca-Wale als Spitzenprädatoren so viel PCB in ihrem Körper anreichern, dass man sie als Sondermüll klassifizieren müsste – und das, obwohl die Produktion von PCB in den 1970er-Jahren weltweit eingestellt wurde. Neonicotinoide finden sich überall und führen zu drastisch schwindenden Insektenpopulationen. Mit ihnen gehen ebenfalls die Vögel und der Rest des Nahrungsnetzes zugrunde. Auch in den Meeren wird die Grundlage der Nahrungskette, das Plankton, gleichzeitig durch Schadstoffeintrag aus der Landwirtschaft, chemische Verschmutzung, seismische Messungen und die Dezimierung von Spitzenprädatoren bedroht. Der Boden in großen landwirtschaftlich genutzten Arealen ist praktisch tot – nur mehr Dreck nach Jahrzehnten der Behandlung mit chemischen Düngern und Pestiziden. Enorme Landstriche auf fast allen Kontinenten werden routinemäßig mit Insektenvernichtungsmitteln besprüht – in der Hoffnung, Krankheitsüberträger oder invasive Arten unter Kontrolle zu bringen. Die Lebewesen der Erde sind in arger Bedrängnis.

Vierte Priorität ist die **Reduktion von Treibhausgasen in der Atmosphäre.** Plötzliche Veränderungen in der Zusammensetzung der Atmosphäre sind ein weiterer Stressfaktor für die Ökosysteme dieser Erde, die schon durch Landerschließung, Rohstoffabbau und Umweltverschmutzung gefährlich geschwächt wurden. Die Ökosysteme – besonders Wälder, Savannen und Feuchtgebiete –, die einst atmosphärische Strömungsmuster stabilisiert hatten, sind ernsthaft geschädigt. Treibhausgase haben thermodynamische Schwankungen des Systems intensiviert und die atmosphärischen Strömungsmuster weiter destabilisiert, was wiederum die geschwächten Ökosysteme noch mehr geschädigt hat. Aber selbst ohne erhöhte Treibhausgaswerte würde dieses massive Töten zur Katastrophe führen. Abgase fossiler Brennstoffe verschlimmern nur eine bereits schlechte Situation.

Falls ihr, liebe Leserinnen und Leser, irritiert seid, dass ich den Treibhausgasen nur den viertwichtigsten Platz zuweise, gebe ich zu bedenken, dass die Reduzierung von Treibhausgasen automatisch schon ein Nebenprodukt der drei höheren Prioritäten ist. Zum einen würden der wirkliche Schutz und die Wiederherstellung von Ökosystemen ein Moratorium für neue Pipelines, Offshore-Bohrungen, Fracking, Teersandabbau, Bergbau durch Gipfelabsprengung, Tagebau und andere Methoden zur Gewinnung fossiler Brennstoffe erfordern, weil mit ihnen schwere ökologische Risiken und beträchtlicher Schaden verbunden sind. Wenn wir jeden kostbaren Winkel dieses Planeten lieben und schützen wollen, müssen wir die Infrastruktur für fossile Brennstoffe sowieso neu gestalten, ungeachtet der Treibhausgasproblematik.

Außerdem können Wiederaufforstung und regenerative Landwirtschaft große Mengen an Kohlenstoff binden. Die Schätzungen, wie viel Kohlenstoff durch holistisches Weidemanagement und biologischen Pflanzenanbau ohne Pflügen gespeichert werden kann, variieren beträchtlich, aber die bekanntesten Anwender wie Allan Savory, Gabe Brown und Ernst Götsch schaffen zwischen acht und zwanzig Tonnen pro Jahr und Hektar, bei gleichem oder sogar mehr Ertrag als im konventionellen Anbau und großteils ohne Chemikalien. **Geht man von weltweit etwa fünf Milliarden Hektar Weide- und Ackerland aus, müssten lediglich 10–25 % davon auf diese Methoden umstellen, um 100 % der heutigen globalen Emissionen zu kompensieren.** Es ist schon klar, dass nicht jedem Bauern auf Anhieb der gleiche Erfolg beschieden sein wird wie den talentierten Erneuerern Savory, Brown und Götsch, aber das Potenzial ist gewaltig. Sogar Klimawandelskeptiker können diese Methoden gutheißen, da sie positive Auswirkungen auf die Artenvielfalt, das Grundwasser und den Wasserkreislauf haben. Gesunder Boden absorbiert Regenwasser wie ein Schwamm, wodurch er Überschwemmungen abpuffert, und gibt es dann langsam über Verdunstung an die Luft wieder ab. So wird die Regenzeit verlängert und mehr Wärme von der Erdoberfläche an die Atmosphäre abgegeben, von wo aus sie ans Weltall abstrahlt. Damit trägt gesunder Boden zur Abkühlung und Widerstandsfähigkeit bei und trotzt dem Klimawandel.

Paradoxerweise müssen wir gar nicht mit Treibhausgasen argumentieren, um Treibhausgase zu reduzieren. Die obige Prioritätenliste kann Inspiration für Abertausende konkreter, erreichbarer Ziele zum Schutz und zur Regeneration sein, die zusammengerechnet sogar mehr bewirken können als von der Klimabewegung gefordert wird, aber aus einer anderen Motivation heraus. Die Ausgangspositionen unterscheiden sich nicht unbeträchtlich. Aus der Perspektive des *Lebendigen Planeten* wird man große Staudammprojekte ablehnen, weil dadurch Feuchtgebiete zerstört und Flüsse beeinträchtigt werden und der Transport von Sedimenten ins Meer verändert wird. Man wird Biotreibstoffplantagen verabscheuen, die große Flächen in Afrika, Asien und Südamerika einnehmen, weil sie oft natürliche Ökosysteme und nachhaltige kleinbäuerliche Landwirtschaft verdrängen. Vor Geo-Engineering-Programmen wie der Erhöhung der Wolken-Albedo durch Schwefelaerosole wird einem grauen. Man wird wenig übrighaben für gigantische Kohlendioxid-Filteranlagen (auch CO_2-Sequestrierung oder CO_2-Abscheidung und -Speicherung, kurz: CCS, genannt). Man wird mit Schrecken sehen, dass Wälder zur Produktion von Hackschnitzeln für die Befeuerung von umgerüsteten Kohlekraftwerken vernichtet werden. Man wird an der Sinnhaftigkeit riesiger vogeltötender Windräder und endloser, öder, mit Solarpaneelen zugepflasterter Landstriche zweifeln.

Zu wissen, dass die Erde als Ganzes lebendig ist, ist ein Schritt dahin, sie wieder als heilig zu begreifen. Ein Schritt hin zur Ehrfurcht gegenüber allen Wesen. Ist es nicht das, worum es bei den Klimaprotesten eigentlich geht?

5.
SCHULDEN UND KRIEG

Ehrfurcht vor allen Wesen ist die Grundlage einer Revolution der Liebe. Ohne diese Ehrfurcht mischen wir vielleicht die Karten neu, bleiben aber beim selben Spiel. Opfer wird Täter, Täterin wird Opfer, Hass ersetzt Ärger und Strafe die Gerechtigkeit, eine Niederlage verlangt Vergeltung, und ein Sieg schafft neue Feinde.

Die vier Prioritäten, die ich umrissen habe, sind von dieser Ehrfurcht getragen, und sie sind nicht und können auch nicht von anderen Dimensionen globaler Heilung getrennt stehen. Wo immer es um soziale, politische, ökonomische, ethnische oder sexuelle Gerechtigkeit geht – um die Wiederherstellung der Integrität jener, denen sie genommen wurde –, geht es um dieselbe Sache. Diese Themen sind nicht bloß politisch korrekte Nebenschauplätze. Sie gehören zum Ganzen. Keines dieser Probleme kann unabhängig von den anderen gelöst werden. Zwei davon möchte ich besonders hervorheben, weil sie alles andere beeinflussen: Schulden und Krieg.

Stell dir vor, liebe Leserin, lieber Leser, du bist ein Land, etwa Ecuador. Die Weltgemeinschaft kommt zu dir in Person eines Mannes, der eine Erdenfahne schwingt und sagt: »Schütze deine Regenwälder! Schütze deine Flüsse, deine Feuchtgebiete und deine Böden! Das Schicksal der Welt hängt davon ab.« Dann legt er die Fahne beiseite und zieht eine Pistole, hält sie dir an den Kopf und fügt hinzu: »Allerdings müssen die Kreditzahlungen weiter fließen«, wohl wissend, dass die einzige Möglichkeit, dem Folge zu leisten, darin besteht, eben jene Regenwälder, Flüsse, Feuchtgebiete und Böden zu zerstören. Widersetzt du dich, folgt die Strafe auf dem Fuß. Der internationale Anleihemarkt wird dich im Stich lassen. Deine Währung bricht ein. Transnationale Konzerne und ihre verbündeten Nationalstaaten werden deine Regierung notfalls mit Gewalt austauschen. Die neue, als »demokratisch« gefeierte Regierung wird einen Sparkurs einführen, Gesetzeshürden gegen Umweltzerstörung aus dem Weg räumen, und sie wird dafür mit weiteren Entwicklungskrediten belohnt.

All das ist nicht der Bosheit von Bankern, Bürokraten des Schattenstaates, militärischen Imperialisten oder einer Verschwörung von Illuminaten und reptilartigen Außerirdischen, die die Weltgeschicke hinter den

Kulissen lenken, geschuldet.[10] Es geschieht im Namen des Wirtschaftswachstums, das eine systemische Notwendigkeit ist. Ein Geldsystem, das auf verzinsten Krediten basiert, erfordert endloses Wachstum, um zu funktionieren, und es erzeugt endlosen Druck auf all seine Teilnehmer, etwas – alles – zu unternehmen, um immer mehr Natur zu Produkten und Eigentum zu machen und immer mehr zwischenmenschliche Beziehungen zu Dienstleistungen.

Mein Buch »Ökonomie der Verbundenheit«[11] ist eines von vielen, das beschreibt, was sich ändern muss, damit die Ökonomie sich wieder nach der Ökologie richtet. Eine Postwachstumsökonomie ist möglich, in der Fortschritt nicht als Wachstum und Wohlstand nicht als quantitatives Mehr verstanden wird. An dieser Stelle möchte ich lediglich einen ersten Schritt in diese Richtung erwähnen, einen Schritt, den wir bald fordern könnten: **Schuldenerlass auf breiter Front.** Schulden kennt fast jeder Otto Normalverbraucher, und Schulden sind ganz zentral für das Funktionieren der weltverschlingenden Wachstumsmaschine.

Die Wachstumsmaschine weitet Marktbeziehungen auf jeden Winkel des Lebens aus. In einer Marktbeziehung versucht jede Partei, den besten Handel zu erzielen, während alle anderen Wesen für das Eigeninteresse instrumentalisiert werden. Die Grundeinstellung jeder Beziehung ist deshalb eine feindschaftliche. Schuld ist insbesondere eine Form von »Macht-über«. Wie

David Graeber sagt: Hinter jedem Mann mit einem Kassenbuch steht immer ein Mann mit einer Pistole.

Separation und Herrschaft sind essentieller Bestandteil wirtschaftlicher Beziehungen, die auf Schulden basieren. Ihr Extrem erreichen sie im Phänomen Krieg. Die Kriegsindustrie verschlingt Unsummen an Geld, Energie und Materialien; aber am schlimmsten bedroht sie die Zukunft dadurch, dass sie den kollektiven Willen der Menschen bricht. Ein Kurswechsel zu einer Heilung der Welt erfordert Solidarität und eine gemeinsame Zielsetzung. **Wenn wir unsere kreativen Energien und Lebenskräfte im Kampf gegeneinander aufbrauchen, was bleibt dann übrig, um diesen mächtigen Wandel in Gang zu setzen?** Unser Schiff wurde von einem Strudel erfasst. Vielleicht können wir, wenn alle an den Rudern pullen, ihm noch entkommen. Stattdessen kämpft die Besatzung an Deck gegeneinander, während das Schiff seinem Untergang entgegenschlingert.

Solange der Krieg in all seinen Formen auf unserem Planeten tobt, wird keine der vier Prioritäten für einen *Lebendigen Planeten* jemals umgesetzt werden. **Wenn Ehrfurcht die Quelle der Revolution ist, dann ist der wahre Revolutionär der Friedensarbeiter.** Die Kriegsmentalität erzeugt ein psychisches Klima, in dem Ehrfurcht nicht möglich ist, weil der Gegner entmenschlicht wird und jedem Wesen, das der Kriegsanstrengung im Weg steht, Empathie verweigert wird. Genauso hat die moderne Ökonomie die Natur zum Objekt gemacht und jedes Wesen, das dem Profit im Weg steht, aus dem Kreis der Empathiewürdigen ausgeschlossen.

Das Kriegsdenken geht weit über militärische Konflikte hinaus. Die heutige extreme politische Polarisierung gehört genauso dazu. Die Aufspaltung in feindliche Lager, das Absprechen von Menschlichkeit der gegnerischen Seite, die Selbstzuschreibung moralischer Überlegenheit, der Glaube, dass die Lösung unserer Probleme durch Sieg zustande kommt – all dies sind Kennzeichen der Kriegsmentalität. Wenn es eure politische Strategie ist, die Empörung der Öffentlichkeit über die untragbaren, skrupellosen Menschen in Politik, Unternehmen oder bei der Polizei zu schüren, dann führt ihr einen Krieg. Wenn ihr glaubt, die Menschen auf der anderen Seite stünden moralisch, ethisch, in Sachen Bewusstsein oder spirituell auf einer niedrigeren Stufe als ihr, dann steht ihr schon an der Schwelle zum Krieg. Also, ja, stellt die Handlungen bloß, die die Welt töten. Aber macht nicht die vermeintliche Schlechtigkeit der Handelnden dafür verantwortlich und bildet euch nicht ein, dass sich die Rollen ändern, wenn ihr die Schauspieler feuert.

6.
POLARISIERUNG UND LEUGNEN

Oben habe ich die umstrittene Behauptung wiederge-
geben, dass die Temperatur in der mittelalterlichen
Warmzeit höher als heute gewesen sein soll. Das möchte ich noch einmal aufgreifen; nicht weil es mir wichtig
ist, diese Frage endgültig so oder so zu beantworten,
sondern weil sie den Blick auf ein tieferliegendes Problem eröffnet, das unsere Kultur in vielerlei Hinsicht –
nicht nur in Sachen Klimawandel – lähmt. Das
dahinterliegende Problem ist die Polarisierung.

Klima-Rekonstruktionen in Form von Hockey-
schläger-Kurven scheinen zu zeigen, dass es heute
wärmer als je zuvor in den vergangenen zehntausend
Jahren ist. Andererseits kritisieren die Skeptiker die
methodologischen und statistischen Grundlagen
dieser Studien und stützen sich ihrerseits auf Beweise
wie höhere Meeresspiegel im frühen und mittleren
Holozän oder Baumgrenzen, die Hunderte Kilometer

nördlich der heutigen liegen. Nachdem ich mehrere Jahre lang in Büchern dazu recherchiert habe, traue ich mir zu, für jede der beiden Streitparteien überzeugend argumentieren zu können. Ich könnte mit einer beeindruckend langen Literaturliste belegen, dass die Mittelalterliche Warmzeit (die jetzt »mittelalterliche Klimaanomalie« genannt wird), in Wirklichkeit gar nicht so warm und vor allem auf den Nordatlantik und den Mittelmeerraum beschränkt war. Ich könnte genauso argumentieren, wieder auf dutzende Veröffentlichungen gestützt, die in Peer Reviews überprüft wurden, dass die Anomalie signifikant und global war. Das Gleiche gilt für so ziemlich jedes Argument in der Klimadebatte. Ich kann für jede der beiden Seiten überzeugend genug argumentieren, um ihre Anhänger zufriedenzustellen.

Findest du das jetzt anrüchig? Fragst du dich, ob ich im Ernst beiden Seiten eine Gleichwertigkeit unterstelle, wo doch das eine Lager aus skrupellosen, konzernfinanzierten, rechten Pseudowissenschaftlern besteht, denen die eigene Gier wichtiger als das Überleben der Menschheit ist, und das andere aus bescheidenen, integren Wissenschaftlern, abgesichert durch sich selbst korrigierende Institutionen wie das Peer-Review-System, wodurch sichergestellt ist, dass sich der wissenschaftliche Konsens der Wahrheit kontinuierlich annähert? Oder besteht das eine Lager aus mutigen Dissidenten, die ihre Karrieren riskieren, wenn sie die herrschende Lehrmeinung infrage stellen, und das andere aus gleichgeschalteten risikoscheuen Karrieristen, die der globalistischen Agenda fanatischer linker »Ökofreaks« und »grüner Spinner« verpflichtet sind?

Solche polarisierenden Schmähungen kommen von beiden Seiten und lassen vermuten, dass sie sich jeweils in hohem Grad mit ihrem eigenen Standpunkt identifizieren. Ich bezweifle, dass eine der beiden Seiten Beweise zuließe, die ihrer Sichtweise widersprechen. Die Debatte ist so zugespitzt, dass sie sich nicht einmal darauf einigen können, was als Tatsache gilt. Jede der Streitparteien, von den Untergangspropheten über die Alarmisten bis zu den Skeptikern, scheint in ihrer eigenen Realitätsblase gefangen zu sein. Während sie jede Information, die ihrer Sicht widerspricht, anfeinden und aufs Kritischste hinterfragen, akzeptieren sie mehr oder weniger ungeprüft alles, was ihre eigene Position stärkt. Daher ist es unwahrscheinlich, dass die Seite, die falsch liegt, das jemals herausfindet. **Und das, liebe Leserin, lieber Leser, gilt auch für deine Sicht der Dinge!**

Angesichts der extremen Polarisierung in den westlichen Gesellschaften heute habe ich mir eine Faustformel zugelegt, die sowohl für streitende Ehepartner als auch in der Politik gilt. Die Krux ist außerhalb der konkreten Auseinandersetzung zu suchen: in von beiden Seiten unhinterfragten Grundannahmen oder in dem, was beide ausblenden. Ergreift man Partei, erkennt man die Bedingungen der Debatte an und trägt dazu bei, dass die versteckten zugrundeliegenden Probleme nicht ans Licht kommen. Worüber sind sich beide Seiten stillschweigend einig? Was gilt als selbstverständlich? Welche Fragen werden nicht gestellt? Könnte die Heftigkeit, mit der die Debatte geführt wird, ein viel wichtigeres Thema verschleiern, das eigentlich unsere Aufmerksamkeit braucht?

Eine solche unhinterfragte gemeinsame Annahme in der Klimadebatte ist, dass das Heil des Planeten auf die Frage reduziert wird, ob die Erderwärmung auf Treibhausgase zurückzuführen ist. Wenn wir einzig die globale Erwärmung für die Verschlechterung der ökologischen Situation verantwortlich machen, impliziert das, es gäbe keinen Grund zur Beunruhigung mehr, wenn die Skeptiker recht hätten. Vom Paradigma des *Lebendigen Planeten* aus gesehen, besteht sehr wohl Grund zur Sorge, egal welche Seite recht hat. Hält die Klimabewegung an der Geschichte vom unkontrollierbaren, vom Menschen verursachten globalen Klimawandel fest, muss sie die Skeptiker um jeden Preis widerlegen und sogar historische Beweise für wärmere Phasen in der Vergangenheit bestreiten, weil diese nicht ins Bild passen.

Das Lager der Alarmisten projiziert in die Sorge über die Erderwärmung eine höchst angebrachte, dringende Warnung vor der Verschlechterung der ökologischen Lage und dem sie vorantreibenden Lebensstil der Menschen. Tatsächlich läuft etwas entsetzlich falsch. Etwas, das alles betrifft. Aber leider hat die Umweltbewegung die unkontrollierbare Erderwärmung stellvertretend für all das genommen, was falsch läuft und was das eigentliche Objekt ihrer Kritik sein müsste. Dadurch hat sie, so fürchte ich, an heiligem Boden verloren und zugelassen, dass der Kampf auf schwierigem Gelände stattfindet. Sie hat etwas Schwerverkäufliches durch etwas Leichtverkäufliches ersetzt. Sie hat eine Liebesgeschichte (»Rettet die Wale!«) durch eine Horrorgeschichte (»Uns droht der Untergang«) ersetzt. Sie hat unsere Sorge um die Erde von der Akzeptanz einer politisch aufgeladenen Theorie abhängig gemacht, die ein Vertrauen in die Institution Wissenschaft und jene Machtsysteme erfordert, in die sie eingebettet ist; und das in einer Zeit, in der das Vertrauen in Autoritäten allgemein im Schwinden begriffen ist – mit gutem Grund.

Was die Skeptiker angeht, fürchte ich, dass der Vorwurf, sie seien »Leugner«, in vielen Fällen tatsächlich zutrifft. Ihre Kritik an der etablierten Klimawissenschaft mag gerechtfertigt sein oder nicht, aber die Position der Skeptiker ist Teil einer umfassenderen politischen Identität; diese muss, um schlüssig zu bleiben, mit dem Klimawandel gleich auch jedes andere Umweltproblem für nichtig erklären. Indem sie auf der Position verharren, es sei alles in Ordnung, müssen die

Skeptiker in ihren Blogs auch darauf bestehen, dass Plastikmüll, Atommüll, chemische Verschmutzung, Artensterben, elektromagnetische Strahlung, gentechnisch veränderte Organismen, Pestizide und so weiter kein Problem sind. Daher muss sich ihrer Meinung nach auch nichts ändern.

Mit ihrer Furcht vor dem tiefgreifenden Wandel, der uns bevorsteht, sind die Skeptiker aber nur die offensichtlichsten Leugner. Groteskerweise wird auch in der populären Klimadebatte geleugnet, und zwar dort, wo die Vorstellung verbreitet wird, es wäre mit einem Umstieg auf andere Energiequellen getan. Die gängige Rede vom »nachhaltigen Wachstum« (ein Widerspruch in sich) veranschaulicht diesen Irrtum am besten, denn Wachstum führt in unserer Zeit zwangsläufig dazu, dass Natur zur Ressource, zum Produkt, zu Geld gemacht wird.

Das vorherrschende Narrativ von der globalen Klimaerwärmung macht das Leugnen sogar noch leichter, weil die Warnungen an eine anfechtbare wissenschaftliche Theorie geknüpft sind, deren letztendlicher Beweis erst dann erbracht sein wird, wenn es zu spät ist. Auswirkungen, die in Zeit und Raum weit weg und auch ursächlich weit auseinander liegen, machen es viel leichter, den Klimawandel zu leugnen. Viel schwieriger ist es zu bestreiten, dass bei der Waljagd Wale getötet werden, dass Abholzung zum Austrocknen des Bodens führt, dass Plastik das Leben in den Meeren tötet und so weiter. Ebenso ist es leichter zu beobachten, wie regionale ökologische Maßnahmen greifen, als zu wissen, welche Effekte Solaranlagen oder Windräder auf das Klima haben. Der ursächliche Zusammenhang ist unmittelbarer, und die Effekte sind greifbarer. Wenn zum Beispiel Bauern Bodenregeneration praktizieren, beginnt der Wasserspiegel zu steigen, und Quellen, die seit Jahrzehnten versiegt waren, erwachen wieder zum Leben, Flüsse fließen wieder ganzjährig, und Singvögel und Wildtiere kommen zurück. Das alles kann man mit eigenen Augen beobachten, ohne auf die Behauptungen wissenschaftlicher Autoritäten vertrauen zu müssen.

Wenngleich die persönliche Aufrichtigkeit und Intelligenz der meisten Wissenschaftler außer Zweifel steht, unterliegt die Wissenschaft als Institution einem kollektiven Bestätigungsfehler, der sie schon wiederholt in die Irre geführt hat. Man denke an den Niedergang zweier lange als so gut wie universell akzeptierter geltender Lehrmeinungen: Erstens, dass Cholesterin und gesättigte Fettsäuren aus der Nahrung Arteriosklerose verursachen, und zweitens, dass Evolution nur durch zufällige Mutation und natürliche Selektion stattfindet. (Das war ein unbezweifelbares Dogma, bis horizontaler Gentransfer, Epigenetik und sich selbst editierende Gene akzeptiert wurden.) Das Misstrauen der Öffentlichkeit gegenüber wissenschaftlichen Autoritäten mag nicht ganz ungerechtfertigt sein, besonders wenn die Wissenschaft so oft herangezogen wurde, um zu belegen, dass Pestizide, gentechnisch veränderte Organismen, Mobilfunk-Sendemasten und diverse giftige Medikamente ungefährlich wären – was sich später als falsch herausstellte. Damit will ich der Klimawissenschaft nicht unterstellen, dass sie sich irrt. Ich möchte davor warnen, sich auf öffentlich anerkannte wissenschaftliche Erkenntnisse zu verlassen, wenn eine solche Anerkennung vom Paradigma des *Lebendigen Planeten* aus gar nicht nötig ist. Die Eliten halten den öffentlichen Widerstand stillschweigend für einen Ausdruck von Unvernunft oder Unwissen und leiten gönnerhaft Aufklärungskampagnen ein. Besteht die Quintessenz der Lektion Klimawandel darin, dass wir den Wissenschaftlern vertrauen hätten sollen? »Hätten wir doch auf die Lehrerin gehört«? »Hätten wir doch geglaubt, dass uns die Autoritäten die Wahrheit gesagt haben«?

Viele Linke halten die Wissenschaft (als Institution) für die letzte Bastion geistiger Gesundheit in einer dekadenten Kultur, für ein Bollwerk gegen die steigende Flut von Irrationalität. Aber was, wenn sie genauso verdorben ist wie unsere anderen Institutionen? Wenn sie als höchster Schiedsrichter über wahr und falsch entthront wird, wie können wir dann noch wissen, ob wir im Team »Die Guten« spielen? Wie könnten wir uns dann noch als Lichtbringer der Vernunft in einem Kreuzzug gegen die Irrationalität sehen, die die Welt im Mark bedroht?

Das ist kein Aufruf, die Wissenschaft aufzugeben. Es ist ein Aufruf, sie möge sich auf ihren heiligen Ursprung zurückbesinnen: Bescheidenheit. Von ihrer institutionellen Verknöcherung befreit, würde die Wissenschaft wahrscheinlich viele der etablierten Dogmen aufheben, die zurzeit als unantastbare Wahrheit gelten. Ich bin nicht der Einzige, der Erfahrungen gemacht hat, die die Wissenschaft für unmöglich oder für Unsinn hält, der von Heilmethoden profitiert hat, die von der Wissenschaft als Quacksalberei bezeichnet werden, oder der in Kulturen gelebt hat, in denen wissenschaftlich inakzeptable Phänomene zum Alltag gehören. Ich behaupte nicht, dass das Standard-Narrativ von der globalen Erwärmung falsch ist. Ich weiß das überhaupt gar nicht. Ich weiß aber eben auch nicht, dass es richtig ist. Ich glaube, dass es äußerst lückenhaft ist. Daher habe ich meine Aufmerksamkeit auf das verlagert, was ich sicher weiß, angefangen bei dem Wissen, das von meinen eigenen bloßen Füßen kommt.

Dieses Wissen ist das Wissen, dass die Erde lebt. Betrachtet man die Erde als lebendig, erwachsen daraus Strategien und Handlungen, die sinnvoll sind, egal welche der Parteien in der Klimadebatte recht hat.

7.
AUSSTERBEN UND BESTIMMUNG

Sieht man sich als Teil eines *Lebendigen Planeten*, erkennt man die innige Verbindung zwischen menschlichen und ökologischen Belangen an. Ich höre oft Leute sagen: »Für die Erde ist der Klimawandel keine Bedrohung. Der Planet wird damit gut klarkommen. Nur die Menschen werden möglicherweise aussterben.« Wenn wir aber die Menschen als geliebte Kreaturen Gaias verstehen, geboren mit einer evolutionären Bestimmung, dann können wir nicht mehr sagen, dass sie ohne die Menschen schon klarkommen wird. Wir würden das ja auch nicht über eine Mutter sagen, die ihr Kind verloren hat. Sorry, aber Mutter Erde wird damit nicht gut klarkommen.

Die eben erwähnte Idee einer evolutionären Bestimmung läuft zwar der modernen biologischen Wissenschaft zuwider, aber wenn man die Welt und den Kosmos als empfindungsfähig, intelligent und bewusst ansieht, ergibt sie sich ganz natürlich. Dann stellt sich die Frage: »**Warum sind wir hier?**« oder sogar: »Warum bin ich hier?« Gaia ist ein neues Organ gewachsen. Wofür ist es da? Wie könnte die Menschheit mit allen anderen Organen zusammenwirken – den Wäldern und den Wassern und den Schmetterlingen und den Robben – im Dienste des Weltentraums?

Ich kenne die Antworten auf diese Fragen nicht. Ich weiß nur, dass wir beginnen müssen, diese Fragen zu stellen. Wir müssen es – und *nicht als Fragen des Überlebens.* Ob als Individuen oder als Spezies, wir leben *für* etwas, und wenn wir das außer Acht lassen, dann vererbt die Lebendigkeit. Uns ist das Leben nicht gegeben, um bloß zu überleben.

Uns ist das Leben nicht gegeben, um bloß zu überleben. Kein Lebewesen auf der Welt überlebt bloß. Ein jedes leistet seinen Beitrag zum Ganzen. Aus diesem Grund wird jedes Ökosystem schwächer, aus dem eine Art entfernt wird. Vom reinen Wettbewerbsstandpunkt aus sollte eine Art besser dran sein, wenn ihre Konkurrentin ausgelöscht wird, aber in der Tat ist sie schlechter dran. Und noch einmal: Leben schafft die Bedingungen für weiteres Leben. Nach diesem Prinzip sind die Menschen ebenfalls hier, dem Leben rundherum etwas zu schenken; wir sind hier, um dem Leben zu dienen. Wir als Zivilisation haben lange das Gegenteil getan. Nichts weniger als eine totale Revolution voll Liebe, ein großer Wandel, wird deshalb genügen.

Dementsprechend kann es Bewegungen wie Extinction Rebellion letztendlich nicht um das reine Überleben der Menschen gehen. Ihre Argumente drehen sich um Kipppunkte, Methan-Rückkopplungsschleifen, zwölf Jahre, bevor es zu spät ist ... aber ich weigere mich zu glauben, dass das alles ist, worum es ihnen geht. Wie gesagt, ließe der globale Temperaturanstieg nach, die rebellische Dringlichkeit bliebe bestehen.

Das folgende Szenario soll eindrücklich zeigen, dass das Überleben der Menschheit nicht das eigentliche Ziel unserer Anstrengungen ist. Eine viel bedrohlichere Möglichkeit lauert hinter der Stellvertreterangst vor dem Aussterben. Nehmen wir einmal an, wir wären dazu in der Lage, aus der Erde immer weiter einen riesigen Parkplatz, einen Tagebau und eine Müllkippe zu machen. Nehmen wir mal an, wir ersetzten die Äcker und Weiden durch hydroponische Anlagen und Tanks für Fleisch aus Zellkulturen. Nehmen wir mal an, wir verlegten unser Leben vollständig in klimakontrollierte Innenräume. Nehmen wir mal an, wir entwickelten kosmische Spiegel, CO_2-absaugende Maschinen und himmelbleichende Chemikalien, um die globalen Temperaturen zu kontrollieren. Nehmen wir mal an, wir setzten den Kurs der letzten zehntausend Jahre fort, auf dem eine jede Generation den Planeten ein Stückchen weniger lebendig verlässt als die vorherige. Und nehmen wir mal an, dass der messbare Wohlstand der

Menschheit wie in den letzten zehntausend Jahren weiter wächst. Ich nenne dieses Szenario die Betonwelt, in der die Natur vollständig abgestorben ist, ersetzt durch Technologie, und wir scheinen es kaum zu merken, wenn wir uns in den künstlichen digitalen Ersatz für die Natur einstöpseln. Hier stirbt nicht die Menschheit aus, sondern alles andere. Ich frage dich: Ist das eine akzeptable Zukunft?

Die Klimabewegung hat das Überleben der Menschheit zum Hauptthema gemacht. Das ist ein Fehler. Hier drei Gründe, warum:

1. Weil die Natur dann immer noch nach ihrem Nutzen für die Menschen bewertet wird. Das ist die gleiche Denkweise, die diese Plünderung so lange möglich gemacht hat.

2. Ob das auch weiterhin so sein wird oder nicht, die Erfahrung hat uns bisher gezeigt, dass die Menschen schon irgendwie klarkommen, auch wenn alles andere Leben stirbt – mehr und mehr von uns, weniger und weniger von allem anderen[12].

3. Weil es unehrlich ist, das Überleben der Menschheit zum Hauptthema zu machen, wenn es in Wahrheit gar nicht das ist, was uns motiviert. Nehmen wir an, das Überleben auf einem ansonsten toten Planeten wäre gewährleistet – würden wir dann erleichtert aufatmen und uns fröhlich am Ökozid beteiligen?

Bei Extinction Rebellion geht es darum (oder sollte es darum gehen), in was für einer Welt wir leben wollen. Es geht um die Frage, warum wir hier sind und welcher Bestimmung wir dienen. Es geht darum, einen anderen Kurs einzuschlagen und uns in den Dienst allen Lebens zu stellen.

Warum sollten wir dem Leben dienen wollen? Im Gegensatz zum Selbsterhaltungstrieb kann dieser Wunsch nur aus Liebe kommen.

Lasst uns eine weitere Dimension des Aussterbens in Betracht ziehen. In der Betonwelt stirbt die Natur, während die Menschheit überlebt. So ein Szenario kann man sich überhaupt nur ausdenken, wenn man Mensch und Natur als getrennt sieht. Faktisch sind wir untrennbar; wir sind Ausdruck der Natur. Deshalb können wir tatsächlich nicht »damit klarkommen«, wenn der Rest des Lebens stirbt. Es geht nicht unbedingt darum, dass wir nicht überleben könnten, während der Rest stirbt. Es geht darum, dass mit jedem Aussterben, mit jedem Ökosystem, mit jedem Ort und jeder Art, die scheidet, etwas in uns selbst ebenfalls stirbt. Verkümmern unsere Beziehungen, so verlieren wir an Ganzheit. Wir könnten weiter unser Bruttosozialprodukt steigern, unsere zurückgelegten Distanzen, unsere Lebensjahre, unsere Wohnflächen, unsere Klimaanlagen pro Kopf, unsere Bildungserrungenschaften, unseren Konsum, unsere Terabytes, Petabytes und

Exabytes; und doch werden diese endlos anschwellenden Zahlen nur von einem ungestillten spirituellen Hunger auf all die Dinge ablenken, die sie verdrängt haben: Verbundenheit und Zugehörigkeit, einen vertrauten Vogelgesang, der jedes Mal ein wenig anders klingt, den Geruch des Frühlings, das Aufblühen der Knospen, den Geschmack einer sonnenwarmen Himbeere, die Großväter, die Geschichten von einem Ort erzählen, den auch die Kinder gut kennen. Mit jedem Schritt in das selbst erschaffene Isolierzimmer verschärft sich so unser Leiden. Wir sehen schon jetzt die Symptome des Aussterbens, das in uns stattfindet: Depression nimmt zu, Angst, Suizid, Sucht, Selbstschädigung, häusliche Gewalt und andere Formen des Elends, die kein noch so großer materieller Wohlstand lindern kann.

Mit dem Raubbau am Leben auf der Erde geht ein Raubbau an unseren Seelen einher. Wenn wir Wesen töten, töten wir auch unser eigenes Wesen ab. Nicht länger eingebunden in ein Netz inniger, wechselseitiger Beziehungen, nicht länger teilhabend am Leben um uns herum, umgeben von eingegrenzten, toten Dingen, verlieren wir selbst immer mehr an Lebendigkeit. Wir werden zu Zombies und wundern uns, warum wir uns innerlich so tot fühlen. **Das ist die eigentliche Quelle der Proteste.** Wir sehnen uns danach, das Leben wieder zurückzugewinnen. Wir wollen das Zeitalter der Separation hinter uns lassen.

Welcher Sache dienen wir? Welche Vision von Schönheit lockt uns? Diese Fragen sollen uns leiten, wenn wir durch das initiatorische Portal schreiten, das Klimawandel genannt wird. Mit diesen Fragen rufen wir eine kollektive Vision herbei, die den Kern einer gemeinsamen Geschichte, einer gemeinsamen Übereinkunft bildet. Ich denke nicht, dass diese Geschichte von jener alten Zukunft mit fliegenden Autos, Robotersklaven und Blasenstädten inmitten verschmutzter Öden handeln wird. Es wird eine Zukunft sein mit Stränden reich an Muschelschalen, eine Zukunft, in der wir Wale zu Tausenden sehen, wo sich Vogelschwärme von Horizont zu Horizont erstrecken, wo Flüsse wieder klar fließen und das Leben an die zerstörten Orten von heute zurückgekehrt ist.

Wie erreichen wir eine solche Zukunft? Ich weiß es nicht, aber so viel kann ich sagen: Weil der Grund für die ökologische Krise alles ist, schließt die Lösung ebenfalls alles ein. Jede Heilung ist Teil der Erdheilung. Falls wir Forderungen stellen sollten, oder vielleicht lieber Einladungen, dann lasst sie uns ausweiten auf alles, was Heilung braucht, selbst auf jene – und speziell auf jene –, die nicht wichtig erscheinen: die Gefängnisinsassen, die Mittellosen, die Marginalisierten, die vernachlässigten Orte und Menschen. Die Menschheit ist auch ein Organ Gaias, und die Erde wird niemals heil sein, wenn es die Gesellschaft nicht ist. Das soziale Klima, das politische Klima, das Beziehungsklima, das psychische Klima und das globale Klima sind untrennbar. Eine Gesellschaft, die die verwundbarsten Menschen ausbeutet, wird notwendigerweise auch die verwundbarsten Orte ausbeuten. Eine Gesellschaft, die Krieg gegen andere Menschen führt, wird, auf Gewalt konditioniert, auch gegen die Natur Krieg führen. Eine Gesellschaft, die manche ihrer Mitglieder abwertet, wird immer auch nicht-menschliche Wesen abwerten. Dementsprechend wird eine Gesellschaft, die sich der Heilung auf einer Ebene verschrieben hat, auch zur Heilung auf allen anderen Ebenen beitragen.

Jeder Akt der Heilung, wie klein auch immer, ist ein Gebet, ein Manifest, wie die Welt sein soll. Können wir uns auf unsere Liebe für diesen schmerzenden, lebendigen Planeten einlassen und diese Liebe durch unsere Hände und unseren Verstand, durch unsere Technologie und unsere Künste zum Ausdruck bringen, uns fragend: »Wie können wir am besten teilhaben an der Heilung und am Träumen der Erde?«

DER AUTOR

Charles Eisenstein, Jahrgang 1967, graduierte an der renommierten Yale University in Philosophie und Mathematik. Er arbeitete und lebte zehn Jahre als Übersetzer vom Chinesischen ins Englische in Taiwan. Als Autodidakt, Redner und Schriftsteller befasst er sich mit den Themen Zivilisation, Bewusstsein, Gesundheit, Naturwissenschaft, Wirtschaft und Kulturentwicklung. Seine beliebten Kurzfilme und Online-Essays haben ihm den Ruf eines genre-übergreifenden Sozialphilosophen und gegenkulturellen Intellektuellen eingetragen. Heute gilt er als maßgeblicher Vordenker für eine ökologische, vom Schenken inspirierte Lebensweise. Am 16. Juli 2017 war er zu Gast in der Sendung *Super Soul Sunday* von Oprah Winfrey. Er präsentiert seine Visionen auf Vorträgen, veranstaltet Online-Seminare, betreibt einen Podcast und verfasst Bücher, darunter: *Die Renaissance der Menschheit, Die Ökonomie der Verbundenheit* und *Die schönere Welt, die unser Herz kennt, ist möglich,* die zu Klassikern der Nachhaltigkeitsbewegung wurden.

charleseisenstein.org

ENDNOTEN

1 Unter Ökozid wird die durch menschliches Handeln verursachte lang-
   fristige, erhebliche Beschädigung, Zerstörung oder der Verlust von globalen Gemeingütern oder Ökosystemen verstanden, in einem Ausmaß,
   das die Gesundheit und das Wohlbefinden seiner Bewohner (Menschen, Tiere, Pflanzen) erheblich einschränkt oder einschränken wird.
   [Anmerkung der Übersetzer]

2 Charles Eisenstein | XR Berlin 7.10.2019, Video veröffentlicht auf
   Youtube am 11.10.2019 von Jens Wazel Photography: https://www.
   youtube.com/watch?v=31sHke_Mid4

3 Scorpio-Verlag, München, 2017. ISBN 978-3-943 41676-3 [Anm. d. Ü.]

4 Fitz, Don: »What is Energy denial?« in: CounterPunch, 17.9.2019

5 The Limits of Clean Energy. Jason Hickel in: Foreign Policy, 8.9.2019

6 Die Vorstellung vom Planeten als komplizierter Maschine [Anm. d. Ü.]

7 Europa-Verl., München, 2019. ISBN 978-3-95890-260-2 [Anm. d. Ü.]

8 Arten, die in ihrem Ökosystem an der Spitze der Nahrungspyramide
   stehen, z. B. Wölfe und Luchse in den Mittelgebirgen [Anm. d. Ü.]

9 Die in ihrem Ökosystem körperlich größten Arten, z. B. Wasserbüffel
   in Flussauen [Anm. d. Ü.]

10 Kleiner Scherz … oder so. Es wäre sicher nett, etwas oder jemanden
   identifizieren zu können, den oder das wir bekämpfen und besiegen
   müssten, um die Welt zu retten. Das Böse zu besiegen ist unser ältestes
   Rezept, eine verführerische Lösung, eine falsche Lösung, die die Kom-
   plexität verschleiert und das Unbehagen, nicht zu wissen, was zu tun
   ist, kaschiert.

11 Scorpio-Verlag, München 2013. ISBN 978-3-943416-03-9 [Anm. d. Ü.]

12 Menschen in weniger entwickelten Ländern können jetzt schon nicht
   mehr »klarkommen« angesichts der Überschwemmungen, Dürren,
   Ernteausfälle und anderer dem Klimawandel zugeschriebener Ereignis-
   se. Aber es war immer schon so, dass die Armen schlechter dran waren
   als die Reichen, was zur Schlussfolgerung geführt hat, dass wirtschaft-
   liche und technologische Entwicklung – und nicht die Heilung der
   Erde – ihre Rettung sein würde.

KLIMAWANDEL
GANZHEITLICH BETRACHTET

Charles Eisenstein

Klima

Eine neue Perspektive

EUROPAVERLAG

400 Seiten, gebunden, ISBN 978-3-95803-260-2

In seinem Buch *Klima* lädt Charles Eisenstein ein, über die Ebene aktueller Diskussionen über CO_2-Reduktion hinauszugehen und das Gesamtbild unserer aktuellen Lage zu betrachten. Soll alles so weiterlaufen wie bisher, nur eben »klimaneutral«? Schuldzuweisung, Kampfmentalität, die Reduktion der Wirklichkeit auf Zahlen ... diese Automatismen sind immer noch Teil des Problems, das ursprünglich zu Umweltzerstörung und Klimawandel geführt hat. Eisenstein setzt dem die »Geschichte des Interbeing« entgegen, die von einem lebendigen Universum handelt, in dem jedes Teilchen einzigartig und mit allen anderen verbunden ist.

www.europa-verlag.com